AF313164

CATALOGUE

DES

LIVRES ET MANUSCRITS

RARES ET CURIEUX

COMPOSANT LA

BIBLIOTHÈQUE DE FEU M. D'HERVILLY

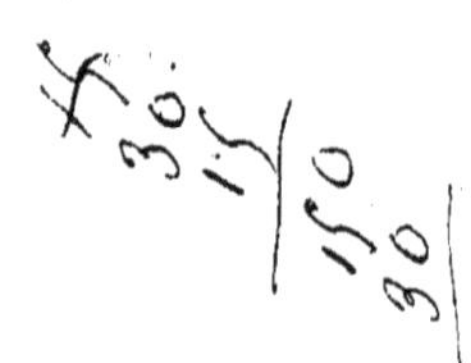

ORDRE DES VACATIONS.

—

PᴇᴍɪÈʀᴇ ᴠᴀᴄᴀᴛɪᴏɴ. — *Mardi* 26 *mars* 1872.

N⁰ 82 à 200

DᴇᴜxɪÈᴍᴇ ᴠᴀᴄᴀᴛɪᴏɴ. — *Mercredi* 27 *mars*.

23 à 80
1 à 22

Ouvrages en lots.

CONDITIONS DE LA VENTE.

La vente est faite au comptant.

Il y aura, le jour de la vente, de ᴅᴇᴜx heures à ǫᴜᴀᴛʀᴇ, exposition des livres composant la vacation du soir.

Les acquéreurs payeront 5 centimes par franc en sus des enchères, applicables aux frais.

Paris. — Imprimerie de Ad. Lainé, rue des Saints-Pères, 19.

CATALOGUE

DES

LIVRES ET MANUSCRITS

RARES ET CURIEUX

PIÈCES GOTHIQUES, OPUSCULES SUR L'HISTOIRE DE FRANCE DE 1500 A 1610

OUVRAGES SUR LA RÉVOLUTION FRANÇAISE

COMPOSANT LA

BIBLIOTHÈQUE DE FEU M. D'HERVILLY

DONT LA VENTE

Aura lieu le mardi 26 et mercredi 27 mars 1872
à 7 heures et demie du soir

Rue des Bons-Enfants, 28, maison Silvestre
SALLE N° 2

Par le ministère de M⁰ BOULOUZE, commissaire-priseur,
Rue de Châteaudun, 24

Et de M⁰ BELLIOT, son confrère, boulevard Voltaire, 48

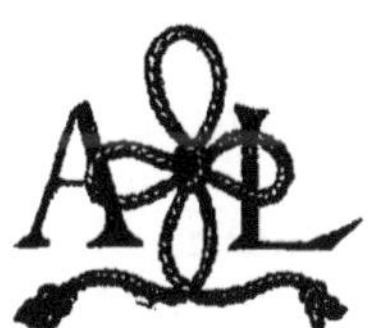

PARIS

ADOLPHE LABITTE, LIBRAIRE

4, RUE DE LILLE, 4.

1872

CATALOGUE

DES

LIVRES ET MANUSCRITS

COMPOSANT LA

BIBLIOTHÈQUE DE FEU M. D'HERVILLY

LIVRES IMPRIMÉS EN GOTHIQUE.

—

1. **Ces présentes heures** à l'usaige de Reins, toutes au long sans requérir, avec les figures et signes de L'apocalypse, la vie du sainct homme Thobie, le triumphe de César, etc., ont été faictes à Paris pour Simon Vostre libraire demourant en la rue Neuve, près la grant Eglise. (Calendrier de 1513 à 1530), gr. in-8, figures, sign. A. K. plus a, e, i, o, (*Rel. du temps.*)

Exemplaire sur papier. On y remarque les trois grandes planches attribuées par M. Bernard à Geoffroy Tory. Piqûre dans la marge.

2. **B. Bonaventurae** Meditationes vitæ Christi. *S. l. n. d.*, goth. — Stella Clericorum. — De modo se preparandi ad celebrandum Missam. — Defensorium curatorum. — De Morte. — Liber super tractatu de corone dei Genitricis. 8 p. en 1 vol. in-8, goth.

3. **Sensuit** le Testament de la glorieuse vierge saincte Clere. *Imprimé à Tholose par Jehan Damoysel, l'an 1529,* in-4 gothique à longues lignes, cartonné.

Exemplaire non rogné.

4. **L'ordonnance** de la confrairie du psaultier Nostre-Dame. *Paris*, *Jehan Bonfons*, pet. in-8, goth. sign. A. E. 20 ff.

5. **Postilla** Nicolaï de Lira super psalterium. *Lugd. de Prato*, 1488, pet. in-fol. goth.

6. **L'Exposition** de l'Oraison dominicale: *Pater noster*. (A la fin:) *Imprimé auprès du Petit-Pont, par Pierre Levet, l'an* 1489, pet. in-4, gothique.
   La fin du volume a beaucoup souffert de l'humidité.

7. **Les choses contenues** en ce présent livre; une épître comment on doit prier Dieu, le Psaultier de David. *Imprimé en la maison Simon de Colines, l'an de grâce mil cinq cens XXIII* (1523), pet. in-8, gothique v. (*Reliure du temps à recouvrements.*)

8. **Incipiunt** constitutiones..... *Petrus Schoyffer, anno Domini* 1476, in-fol. 2 col. gothique.

9. **Ordonnances** et instructions faites par les rois Charles VII, Louis XI et François Ier. *Imprimé à Paris, MDXXXIII*, pet. in-8, goth. cartonné.

10. **Le secret** des secrets de Aristote pour cognoître les complexions des hommes et des femmes, lesquelz il filt pour le roy Alexandre son disciple. *S. l. n. d.*, pet. in-8, gothique, 8 ff.

11. **Le Doctrinal de Sapience** qui contient tous les estats du monde, par Guy de Roye archevêque de Sens. *Paris, pour la veuve Jean Bonfons, à l'enseigne Saint-Nicolas*, in-4, gothique à longues lignes, vélin.
    Très-bel exemplaire, dans sa première reliure.

12. **Les trois mirouers du monde**, composez par frère Jean Picard. *Ils se vendent à Paris, en la maison de Jehan Longis* (1530), pet. in-8, gothique.
    Exemplaire grand de marges. Soulignures à l'encre.

13. **Le grand** et bon ménager composé en latin par Constantin César de Constantinople et traduit en

françois par Anthoine Pierre. *Imprimé nouvellement*, 1544, pet. in-8, gothique, cartonné.

14. **Le traité** des eaues artificielles, les vertus et proprietez d'icelles. (*A la fin :*) *Nouvellement imprimé à Paris, en la rue Neuve Nostre-Dame*, (*s. d.*), pet. in-8, goth. n. rel.

Exemplaire bien conservé et grand de marges.

15. **De artibus** Magicis ac magorum maleficiis. *Anno* 1506, pet. in-8, goth. — Tractatus de phitonicis mulieribus. *S. d.*, in-8, goth. — Herbarum vires tibi carmine dicet. 1510, pet. in-8. — Carmina de Herbarum judiciis. *Lugd.*, 1515, pet. in-8, goth. figures.

16. **De Laniis** et phitonicis mulieribus (per Cornelium de Zyrichzee). *S. l. n. d.*, pet. in-4, goth. 6 grandes planches sur bois.

17. **Tres utile et compendieux** traité de l'art et science d'orthographie Gallicane. (*A la fin :*) *Imprimé à Paris, pour Jehan Sainct-Denis* (1529), pet. in-8, mar. v. tr. dor.

18. **Stultifera navis**, per Seb. Brandt. *Impressus in Imper. Urbe Augusta*, 1497. Pet. in-8, gothique, *figures sur bois.*

19. **Le Romant de la rose.....** *A Paris, en la boutique de Jehan Massé.* (A la fin :) Imprimé nouvellement à Paris, l'an mil cinq cens XXXVIII. Pet. in-8, gothique, figures v.

Exemplaire grand de marges.

20. **Somme en briefs des principaux articles** de la paix entre l'Empereur et le roi de France. — (*A la fin :*) *Imprimé par moy Jacques de Liesvelt demourant en la ville d'Anvers sur le pont de la porte de Chamble* (1525), 4 ff. pet. in-8, gothique. (Armes de l'Espagne sur le premier feuillet, armes de l'Empire sur le quatrième feuillet.)

Pièce non citée.

21. **L'oppugnation** de la noble cité de Rhodes, ré-
digée par frère Jacques, bastard de Bourbon.
*Imprimée à Paris, par maistre Pierre Vidoue pour
Gilles de Gourmont,* 1525, pet. in-4, gothique,
cartonné.

Exemplaire piqué et taché d'humidité.

22. **Le double des lettres** que le grant Turc escrit à
Mõsieur le grãt maistre de Rhodes, environ la
Sainct Jean, l'an mil cccc xxii, avec une espitre de
la cité de Rodes envoyée à la saincte foi catholic-
que. (A la fin :) *Composé par Longeur dict Be-
thune, Herault d'armes de l'Empereur Charles
d'Autrice, pour Antoine Mēbre, libraire qui fait
le libraire.* In-4, 4 ff. mar. v. fil. tr. dor. (*Ex.
d'Audenet.*)

Bel exemplaire.

THÉOLOGIE.

---

23. Les Vies et les gestes des anciens patriarches,
extraictes du Viel Testament, par Joachim Perion,
docteur en théologie. *Paris, J. Kerver,* 1557, in-8,
vélin.

Exemplaire très-grand de marges et très-bien conservé.

24. Les Livres de Salomon, les Prouerbes, l'Ecclé-
siaste, le Cantique des cantiques, traduits en françois. *Lyon, Est. Dolet,* 1542, in-16, dérelié.

25. Psalmes du royal prophète David, traduicts du
latin en françois. *Lyon, Estienne Dolet,* 1542,
in-16, rel.

Très-rare.

26. Paraphrase, c'est-à-dire clairé et briève interprétation sur les psalmes de David, par Campensis. *Lyon, Est. Dolet,* 1542, in-16 réglé, v. br.

27. L'Arbre de la vie, où sont mis en lumière les haults titres d'honneur de la croix de N.-S.-J.-C. par Pierre Dore, docteur en théologie. *Paris, Foucher,* 1542, pet. in-8. (*Rel. du temps.*)

Bel exemplaire.

28. Sacræ Litaniæ variæ, in gratiam catholicorum. *Antuerpiæ, ex off. Plantiniana,* 1615, in-12, mar. v. fleurdelisé.

29. L'Office de Saint-Éloy évêque et confesseur. Ensemble l'office de la nuit de Noël par N. Langevin. *Paris, M. Colombel,* 1645, in-12, mar. r. lr. dor. (*Anc. rel.*)

30. Huict sermons de la résurrection de la Chair, prononcez au chasteau du bois de Vincennes, durant le temps de deuil de feu Charles IX, par Sorbin, son prédicateur. *Paris, Guill. Chaudière,* 1574, pet. in-8, v. f.

Volume rare.

31. Vida y Milagros del gl. confessor San Julian. *En Cuenza,* 1595, pet. in-8, parch.

32. Histoire de l'inquisition d'Espagne. 1568, pet. in-8, parch.

33. Histoire critique de l'inquisition d'Espagne, par D. Jean-Antoine Llorente, traduit de l'espagnol par A. Pellier. *Paris, Treuttel,* 1817-18, 4 vol. in-8, br. fig.

34. Recueil de pièces en espagnol, la plupart du xvii\u00b0 siècle. 80 pièces en 1 vol. in-fol. parch.

Ce volume contient les relations de quatre auto-da-fé : Madrid, 14 juillet 1624 ; Séville, 30 nov. 1624, 28 févr. 1627 ; Cordoue, 21 déc. 1627.

35. Auto-da-Fe..... *Lima,* 1695, in-4, vélin. — *Madrid,* '630, in-4, figures. — *Palermo,* 1724, in-fol. figures remontées.

36. Dulaure. Des Cultes qui ont amené l'idolâtrie. *Paris*, 1805. — Des Divinités génératrices. *Paris*, 1805, 2 vol. in-8, br.

SCIENCES.

—

37. Le Prince de Nicolas Machiavelle, secrétaire et citoyen de Florence, traduit de l'italien en françois par Guillaume Cappel. *Paris, Ch. Etienne*, 1553, in-4, veau.

Exemplaire très-grand de marges.

38. Le Mirouer du prince chrétien dédié à Ch. Monsieur D'aumalle, par Jean Heluïs de Thillard. *Paris, T. Brumen*, 1566, pet. in-8, parch.

39. LES CONSEILS de l'amitié (par Pernety). *Paris, H.-L. Guérin*, 1746, in-12, m. r. t. d.

Joli exemplaire aux armes de la marquise de Pompadour.

40. Opérations faites par ordre de l'Académie royale des sciences, par Bouguer, Camus, Cassini, etc. *Paris, Imprimerie royale*, 1757, in-8, mar. r. t. d.

Armes de France.

41. L'Officier partisan, par M. de Saint-Geniès (tome Ier). *Paris*, 1763, pet. in-8, mar. r. t. d.

Aux armes de la marquise de Pompadour.

42. Deux Livres des simples de Galien traduit du latin en françois par maistre Jehan Canappe. — L'anatomie des os du corps humain, autheur Galien. — Des mouvements des muscles, livres deux. *Lyon, Estienne Dolet*, 1541-1542, 3 part. pet. in-8.

43. Deux Livres des simples de Galien, traduits du latin en françois par Jean Canappe, docteur médecin. *Lyon, Dolet*, 1542, pet. in-8, veau.

44. Les Trois premiers Livres de la chirurgie d'Hippocrates traduit du grec en françois par F. Le Fèvre. *Paris, J. Kerver*, 1555, pet. in-16, rel.

45. La Chirurgie de Paulus Æginéta, traduit du grec en françois. *Lyon, E. Dolet*, 1542, pet. in-8, cartonné.

Grand de marges.

46. Introductoire de chirurgie rationele, autheur Philippe de Flesselles. *Paris, en la rue Saint-Jacques, par Vivant Gaulterot*, 1547. — Les trois premiers livres de Claude Galien. *Tours*, 1545, 2 part. pet. in-8, non relié.

47. Capitulaire auquel est traité qu'un homme nay sans testicules apparens est capable des œuvres du mariage, par Seb. Boulliard. *Paris*, 1600, pet. in-8, v. f.

48. Discours sur l'impuissance de l'homme et de la femme, par Vincent Tagereau. *Paris, Du Brayet*, 1612, pet. in-8, vélin.

49. Arrests rendus pour cause de bestialité, extraits des registres secrets du Parlement de Paris depuis son establissement jusqu'au 20 mars 1720. In-fol. cartonné. (*Manuscrit.*)

50. LIVRE DE LA GÉNÉRATION DE L'HOMME, par Jacques Sylvius, et mis en françois par Guill. Chrestien. *Paris, Guill. Morel*, 1559, pet. in-8, vélin.

Exemplaire portant sur les plats les croissants, et sur le dos les D entrelacés de Diane de Poitiers. La 3e partiie de cet ouvrage lui est dédiée.

51. Bref Discours des admirables vertus de l'Or potable, par de La Tourette. — Apologie de la noble et très-utile science d'alchimie, par de La Tourette. *Paris, Jean de l'Astre*, 1575, 2 parties en 1 vol. in-16, parchemin.

52. Dialogue de la licantropie, ou Transformation d'hommes en loups, vulgairement dits loups-garous, et si telle se peut faire, par Claude Prieur. *Louvain*, 1596, pet. in-8, cart.

53. De la Lycanthropie, ou Transformation et extase des sorciers, par J. de Ninauld. *Paris, Rousset,* 1615, pet. in-8, cart.

54. Discours exécrable des sorciers, par Henri Boguet. *Paris, Denis Binet,* 1602, pet. in-8, vélin.
Bel exemplaire.

BEAUX-ARTS.

—

55. Recherches historiques et littéraires sur les danses des morts et sur l'origine des cartes à jouer, par G. Peignot. *Paris, V. Lagier,* 1826, in-8, cart. avec fig.

56. Figures de la danse des morts, avec texte allemand. *Nürnberg,* 1736, in-8, br. 30 *planches.*

57. La Danse des morts telle qu'elle est peinte dans la ville de Basle. 1756, in-4, d.-rel. fig.

58. La Danse des morts à Bâle, par Holbein. *S. d.,* in-4, cart. 40 feuilles.

BELLES-LETTRES.

—

POÉSIES. — FACÉTIES.

59. Traité familier des noms grecs, latins, arabiques ou vulgaires, avec les définitions de toutes les maladies qui surviennent superficiellement au corps humain, très-utile aux médecins, chirur-

giens, extrait du septième livre des épîtres de maître Jean Manard, médecin, traduit du latin en françois. *Paris, Langlois*, 1552, pet. in-8.

60. Les Epîtres famillières de M. T. Cicero, père d'éloquence latine, traduit du latin en françois par E. Dolet. *Paris, Jean Ruelle*, 1547, in-16, cartonné.

61. La Comédie de Dante, de l'Enfer, du Purgatoire et du Paradis, mise en rime françoise par M. B. Grangier, abbé de Saint-Barthélemy de Noyon. *Paris, Drobet*, 1596, pet. in-12 cartonné, titre gravé.

62. Mémoires historiques sur Raoul de Coucy; on y a joint le recueil de ses chansons en vieux langage, avec la traduction et l'ancienne musique. *Paris, Pierres*, 1781, 2 t. en 1 vol. in-12, demi-rel. gr. papier, avec fig.

63. Œuvres poetiques de Mellin de Saint-Gelais. *Lyon, Benoist Rigaud*, 1582, in-16, vélin.

Exemplaire dans sa reliure primitive et bien conservé.

64. Chantz royaulx sur les triumphes du mariage du roy daulphin et de la royne daulphine, par Jacques de la Tayre d'Aurillac. *Paris, Olivier de Harsy*, 1553, pet. in-8, cartonné.

Exemplaire grand de marges.

65. Chant de joie du jour des espousailles de François, roi dauphin, et de Marie, royne d'Ecosse, par J.-Ant. de Baïf. *Paris, André Wechel*, 1558, pet. in-4, 4 ff. n. rel.

Très-bel exemplaire, grand de marges.

66. Epithalamium Franc. Valesii et Mariæ Stuartæ. *Parisiis*, 1558, pet. in-8, mar. r. tr. dor.

Bel exemplaire.

67. La Paix au roy, par P. de Ronsard. *Paris, Wechel*, 1559, in-4, n. rel. — Discours au prince de Savoie, Chant pastoral à Mme Marguerite, duchesse

de Savoie, par P. de Ronsard. *Paris, Rob. Estienne*, 1559, in-4, n. rel.

68. Ronsard. Recueil de pièces. 10 parties en 1 vol. in-4, vélin.

Éditions originales, très-bien conservées et à toutes marges. — Discours des misères de ce temps. 1563. — Continuation. — Institution pour l'adolescence du roi. 1564. — Élégie sur les troubles d'Amboise. 1563. — Responce aux injures et calomnies. 1563. — Premier, deuxième, troisième livres des Poésies nouvelles. 1564. — Les Quatre Saisons. 1563.

69. Passerat. Hymne à la paix. 1563. — Chant d'allégresse pour l'entrée de Charles IX. *Paris, Buon*, 1564. — Jean Dorat, Neuf cantiques ou sonnets de la paix. 1570 ; 3 pièces in-4, n. rel.

70. Avant-Chant nuptial faict sur le mariage du roy et d'Elisabet d'Austriche, par Am. Jamyn. *Paris, Gabr. Buon*, 1570, pet. in-4, n. rel.

71. Panegyrique (en vers) sur le mariage de très haut et très victorieux prince H. de Lorraine, duc de Guyze, et de Catherine de Clèves, par Fr. d'Amboise, Parisien. *Paris*, 1570, in-4, portrait, non relié.

72. Epithalame, ou Chant nuptial sur le mariage du duc de Guyse et de Catherine de Clèves. *Paris*, 1570. — Epitaphe sur le tombeau du Grand Maître de Malte. *Lyon*, 1568. — Déploration sur le trépas de J. de Valette, grand maître de Malte, 1568. — Chant triomphal sur la victoire obtenue à l'encontre des rebelles et ennemis de S. M. 1569 ; 4 pièces in-4 (en vers).

73. Complainte sur le trespas du feu roy Charles IX, par J.-Ant. de Baïf. *Paris, Fédéric Morel*, 1574, in-4.

74. Première Salutation au roy sur son avénement à la couronne de France, par J.-Ant. de Baïf. *Paris, Morel*, 1575, in-4, n. rel.

75. Chants et Chansons populaires de la France ; notices par M. du Mersan. *Paris, Delloye*, 1843, 2 vol. gr. in-8, cart. fig.

Tomes 1er et 3e.

76. Recueil de chansons, anecdotes, de 1600 à 1670, in-fol. dérelié.

Manuscrit fort bien exécuté, avec musique notée.

77. Recueil de chansons gaillardes. 2 vol. in-4, v.

Manuscrit du dix-huitième siècle, avec musique notée.

78. Saül le Furieux, tragédie prise de la Bible (par Jean de la Taille). *Paris, Fréd. Morel,* 1572, pet. in-8, n. rel.

79. J. Meursius. Elegantiæ latini sermonis. *Birmingh.,* 1770, 2 vol. in-12, v. tr. dor.

80. Recueil de facéties, Théâtre de la Foire, etc. — La Mélaganthropogénie, 2 vol. in-8. — Momus redivivus.—Traité du fouet, etc., 40 vol. ou pièces in-8 et in-12, br.

81. Les Chats (par Montcrif). *Paris, Quillau,* 1727, in-8, veau, avec fig. de Coypel.

HISTOIRE.

HISTOIRE DE FRANCE AVANT LA RÉVOLUTION.

82. Premier et Second Livre des dignitez, magistrats et offices du royaume de France. *Paris, Guill. Le Noir,* 1560. — Chronique abrégée des rois de France, avec portraits. *Paris, Guill. Le Noir.* — Chronique des rois de France, *Paris, Galliot Dupré,* 1553, 3 part. en 1 vol. pet. in-8, v. (*Rel. restaurée.*)

Ancienne reliure, avec le médaillon de Henri II en relief et doré sur les plats du volume.

83. Traité historique des monnoies de France, par Le Blanc. *Amst.,* 1692, in-4, v. f.

84. Les Antiquités, croniques et singularités de Paris, par G. Corrozet. *Paris, Corrozet*, 1561, pet. in-8, veau.

85. Les Antiquités, croniques et singularités de Paris, par Corrozet. *Paris, Bonfons*, 1586, pet. in-8, vélin.

Le dernier feuillet est coupé et remonté.

86. La Ville de Paris, contenant le nom de ses rues, faubourgs, etc., etc., par Colletet. *Paris, A. Raffle*, 1689, in-12, vélin.

87. Les Anciennes Maisons de Paris, par Lefeuve. 39 livr. pet. in-8, br. fig.

88. Description de l'abbaye de la Trape (par Félibien des Avaux). *Paris, Jacques Le Febvre*, 1689, in-12, veau avec fig. et plan.

89. Histoire abrégée de tous les rois de France, Angleterre et Ecosse. — La Recherche des singularités plus remarquables, concernant l'Etat d'Ecosse. — Discours de la légitime succession des femmes aux possessions de leurs parents, par David. *Paris, R. Coulombel*, 1579, pet. in-8, vél.

Bel exemplaire.

90. Histoire et cronique du très chrétien roi saint Louis IX, du nom, et XLIIII roi de France, par le seigneur de Joinville. *Poitiers, Enguilbert de Marnef*, 1561, pet. in-4, parch.

91. Cronique et histoire faite par Philippe de Commines. *Paris, Galliot Dupré*, 1546, pet. in-8, cart.

92. Le Trépas, obsèques et enterrement de très haut, très puissant et très magnanime François, premier du nom. *Paris, Rob. Estienne*, 1547. — L'Ordre du sacre et couronnement du roi de France Henri II. 1547, in-4, d.-rel.

La première partie est incomplète d'un feuillet.

93. Le Trespas, obsèques et enterrement de très
hault et très magnanime François, premier de ce
nom. *De l'imprimerie de Robert Estienne* (1547),
in-4. (*Rel. anc.*)

Exemplaire piqué et taché. (*Voir le n° 20.*)

94. Oraison funèbre de l'incomparable Marguerite,
royne de Navarre, par Charles de Saincte Marthe.
Paris, Regnault Chauldière, 1550, in-4 derelié.

Exemplaire très-grand de marges.

95. Etienne Dolet. Vie, 1779, in-8. — De Imita-
tione Ciceroniana, 1540.—Procès d'Estienne Dolet (*Techener*, 1836). Orationes duæ in Tolosam.
S. d., 4 p. in-8 et in-12.

96. Response au livre inscrit pour la majorité du
roy François II. *Amboise*, 1560. — Les Ordres
tenuz à la réception et entrée du roy François II
en la ville d'Orléans. *Paris, Nyverd*, 1560. — De
Meti (Metz) urbe capta M. H. (Michaelis Hospi-
talis) carmen. 1560. — In Francisci delphini et
Mariæ Scotorum reginæ carmen. *Parisiis*, 1560,
in-4, 5 p. n. rel.

97. Henrici secundi elogium (latin, français, italien). *Lutetiæ*, 1560, pet. in-8. — Oraison funèbre
de feu messire Olivier, chancelier de France. *Paris, Vascosan*, 1561.—De Obitu Caroli IX. *Lutetiæ, Morel*, 1574, 3 part. pet. in-8, déreilé.

98. Ordonnances du roy pour assister aux prêches,
1562. — Sur le Fait de la gendarmerie, 1563. —
Pour faire la Monstre de sa gendarmerie. 1565.
Lettres du roy portant defense de ne violer les
édicts de pacification avec injonction de repur-
ger la ville de Paris des vacabons. *Paris, Robert
Estienne*, 1566.—Arrest de l'innocence de Gasp.
de Coligny, 1566. — Arrest contre G. de Coligny,
1569, 5 pièces pet. in-8.

99. Lettre de l'évesque de Riez, contenant les propos de M. de Guyse depuis sa blessure. *Paris, J.*

Kerver, 1563. — Sermon funèbre par F. J. Le Hongre en N. D. de Paris aux obsèques de Fr. de Lorraine, duc de Guyse. *Paris, Gilles Corrozet*, 1563.—L'Ordre de la pompe funèbre faicte de la réception [du corps de M. de Guyse, passant par Paris. *Paris, Gilles Corrozet*, 1562, 3 p. en 1 vol. pet. in-8, demi-rel.

100. Recueil des derniers propos que dit feu le duc de Guyse. *Paris, J. Kerver*, 1563.—Seconde oraison funèbre prononcée au lieu de Montmorency, à la sépulture du connétable, par Arn. Sorbin. *Paris*, 1568. — Hymne sur la naissance de Madame de France, fille du roy Charles IX.—Tombeau de Elisabeth de France, royne d'Espagne. *Paris, Robert Estienne*, 1569, 4 pièces in-4 et in-8.

101. Bref et Sommaire Recueil de ce qui a esté fait et de l'ordre tenu à la joyeuse entrée de Charles IX en sa ville de Paris (1751), avec le couronnement de la Royne. *Paris, Denys du Pre*, 1572, in-4, vélin.

Bel exemplaire, dans sa première reliure et avec témoins. Il est conforme à la description du Manuel, et contient la pièce en vers d'Et. Pasquier.

102. Discours sur les rebellions, par F. de Belleforest, Comingeois. *Paris, Hulpeau*, 1572, pet. in-8, veau.

103. Discours sur les causes de l'exécution faite ès personnes de ceux qui avoient conjuré contre le roy et son estat. *Paris, P. l'Huillier*, 1572, pet. in-8, mar. r. tr. dor. (*Thompson.*)

104. Figure et exposition des pourtraictz et dictons contenus ès médailles de la conspiration des rebelles de Erance opprimée et estreinte par le roy Charles IX, par Nic. Favyer, général de ses monnoyes. *Paris, Jean Dallier*, 1572, pet. in-8, mar. bl. compart. fil. tr. dor. (*Bauzonnet.*)

Très-bel exemplaire d'un opuscule rare.

105. Recueil de pièces sur la Saint-Barthélemy. 1572, 15 pièces; pet. in-8, demi-rel.

Figure des pourtraicts et dictons contenus ès médailles. — Deluge des huguenots, avec leur tombeau. — Mandement du roy à tous les archers de sa garde pour accompagner en la cérémonie des nopces du roy de Navarre et de Madame Marguerite, sa sœur. — Ordonnance du roy, par laquelle il veut que la religion catholique soit remise en tous les Etats de son royaume. — De la Religion des roys de France. — Lettre de Pierre Charpentier, etc., etc.

106. Discours sur les causes de l'exécution faite ès personnes de ceux qui avoient conjuré contre le roy. *Paris, à l'Olivier de P. l'Huillier,* 1572, pet. in-8, dérelié.

Pièce rare, en faveur de la Saint-Barthélemy.

107. Petri Carpentarii epistola in qua docetur persecutiones culpa eorum qui factionem fovebant, accidisse, 1573, in-4. — De Furoribus Gallicis, vera narratio, E. Veramundo Frisio auctore. *Edimburgi,* 1573, in-4, n. rel.

La première de ces pièces est une justification de la Saint-Barthélemy par un protestant.

108. Traduction d'une épître latine, d'un excellent personnage de ce royaume. *Paris, F. Morel,* 1573, pet. in-4, demi-rel.

Pièce apologétique de la Saint-Barthélemy, et dont Pibrac est l'auteur· Très-rare et très-bien conservée.

109. Mort prodigieuse de G. de Coligny, ensemble des plus signalez huguenots. *Paris, G. Fourbet* (1572). — Complainte et regretz de G. de Coligny, qui fuct admiral de France. *Paris,* 1572. — Déclaration du roy de la cause de la mort de l'admiral. *Paris, Jean Dallier,* 1572, 3 pièces pet. in-8, n. rel.

110. Les Arrets de dernière exécution contre Gaspar de Colligny, qui fust admiral de France, François Briquemaut et Regnaud de Cavaignes. *Lyon, Michel Joue,* 1573, pet. in-8, mar. r. fil. tr. dor. (*Niedrée.*)

Bel exemplaire.

111. Histoire des massacres et horribles cruautés commises en la personne de messire Gaspard de Colligny, le 24 août 1572, traduite en françois,

1573. — Diverses lettres envoyées par le roi, 1573. 2 part. en 1 vol. pet. in-8, demi-rel.

112. Discours sur les occurrences des guerres intestines de ce royaume, ensemble : le tombeau de Gaspar de Coligny. *Paris, Michel de Roigny*, 1572 (en vers). — Pompa funebris Gaspardi Collignæi. *Parisiis*, 1572. = 2 part. pet. in-8, dér.

113. MAGNIF. SPECTACULI descriptio, Joanne Aurato authore. *Parisiis, Morel*, 1573, in-4, n. rel. figures.

Description, en latin et en français, du spectacle donné par Catherine de Médicis dans les jardins situés en dehors de la ville (les Tuileries), en félicitation du nouvel avénement de Henry III au trône de Pologne, par Jean Dorat, poëte royal, avec de nombreuses figures. Bel exemplaire.

114. Harangue du roi Charles IX, 1574. — Complainte universelle (en vers) sur la mort du roy de France, 1574. — Oraison funèbre de Charles IX, par Sorbin, 1574. — Seconde Oraison funèbre. — Oraison funèbre de Cosme de Médicis, 1574, etc. 8 pièces in-8, dérel.

115. La Prinse du comte de Montgommery, dedans le chateau de Donfron. *Paris,* 1574. — Discours de la mort du comte de Montgommery. *Paris, Michel Buffet,* 1574, 2 part. pet. in-8, demi-rel.

116. (*Réimpressions.*) — Chanson nouvelle de Montgommery. 1574. — Discours de Michel de l'Hospital sur le sacre de François II. — Histoire lamentable des cruautés exécutées par ceux de la religion romaine. — Copie d'une lettre de la royne d'Escosse (tirée à 10 ex.). 5 vol. in-12; br.

117. LE TRÉPAS et obsèques du très chrétien roy de France Charles, neufiesme de ce nom, plus le convoy.... à la suite de son enterrement. *Paris, Buffet,* 1574, pet. in-8. v. f. tr. d.

118. Le Stratagème ou la ruse de Charles IX contre les huguenots. 1574. — Nouveau Discours sur le siége de Sancerre, plus une complainte de la France en forme de chanson. 1573. — Dialogus

quo multa exponuntur quæ lutheranis et hugue-
notis Gallis acciderunt. *Oragniæ,* 1573. — De
furoribus Gallicis. *Edimburgi,* 1573, etc. 6 p. in-4
et in-8.

Le 3ᵉ opuscule est signalé comme le premier ouvrage imprimé à Orange.

119. Le Vray Discours des derniers propos mémorables et trespas du feu roy Charles neufiesme.
Paris, Lienard le Sueur, 1574, pet. in-8. — Le
Trespas et Obseques du roy Charles neufiesme,
plus le convoy des prevosts des marchands, es-
chevins, etc. *Rouen, Martin le Mégissier,* 1574,
pet. in-8.

120. Histoire contenant un abrégé de la vie, mœurs
et vertus du roi très-chrétien Charles IX, par A.
Sorbin, dit de Sainte-Foy. *Paris, G. Chaudière,*
1574, pet. in-8, veau.

121. Journal des choses mémorables advenues durant le règne de Henry III, roi de France et de
Pologne, par Pierre de l'Estoile, avec l'Ile des
Hermaphrodites. *Cologne, P. Marteau,* 1746,
5 vol. pet. in-8, br. avec fig.

122. Modus et ordo electionis novi Regis. *Warso-
viæ,* 1573, in-4. — Discours de l'entrée du roi de
Pologne à Orléans. — Harangues faictes et pro-
noncées de la part du roi, par Jean de Montluc,
en l'assemblée tenue à Warsovie. *Paris, Jean Ri-
cher,* 1573, 3 pièces pet. in-8, dér.

123. L'Ordre tenu et gardé par les seigneurs polo-
nais en l'élection de Mᵍʳ le duc d'Anjou. *Paris,
Nyverd, s. d.,* pet. in-8. — Discours de l'enterrement du feu roy Sigismond et de l'entrée de Henry,
roi de Pologne. *Lyon,* 1574. — Hymne triomphal. — Les Honneurs faits au roy de Pologne.
1574, etc. 6 pièces pet. in-8, demi-rel.

124. Ordre de la réception et entrée de Henry de
Valois, roi de France et de Pologne, en la riche et
florissante ville de Venise. *Lyon, Benoist Rigaud.*

1574, pet. in-8. — La Réception du roy par l'empereur Maximilian, 1574, etc. 4 pièces in-4 et in-8.

125. Advertissement venu de Reims du sacre, couronnement et mariage de Henri III, avec un épithalame. *Paris, Denis du Pré,* 1575. — Edict du roi sur la pacification des troubles de ce royaume, 1576. — Arrest du Parlement pour le réglement de l'université de Paris. *Paris, F. Morel,* 1577. — Edict portant réglement pour le recouvrement des comptes des officiers comptables, dons faits à la reine-mère pour la construction de son château des Thuileries, 1578. — 6 pièces in-8, n. rel.

126. LE VRAI REVEILLE-MATIN DES CALVINISTES et publicains françois, par Arnaud Sorbin, dit de Sainte-Foy. *Paris, G. Chaudière,* 1576, pet. in-8, vélin.

Exemplaire très-grand et très-bien conservé.

127. DISCOURS MERVEILLEUX de la vie, actions et déportemens de Catherine de Médicis, troisième édition, augmentée de quelques particularités, 1578, pet. in-8, n. relié.

Exemplaire non rogné.

128. La Vie et Faits notables de Henry de Valois, où sont contenues les trahisons, perfidies de cet apostat. *S. l. n. d.,* pet. in-8, v. f. (*Exemplaire d'Audenet.*)

Court de marges. La figure de l'assassinat du duc de Guise a été entamée par le couteau du relieur.

129. Le Tombeau et Eloge du très-illustre duc de Joyeuse, par André Derossant. *Rouen,* 1587. — Vers funèbres sur le vray discours de la mort du duc de Joyeuse. *Paris, Gilles Beys,* 1587, 7 pièces in-8 et in-4, n. rel.

130. Histoire de tout ce qui s'est fait en cette ville de Paris, 1588. — Déclaration de la volonté du roy depuis son département de Paris, 1588. — La Harangue faite par le roy Henri III, à l'ouverture des états de Blois, 1588.— De la succession déférée au cardinal de Bourbon (Charles X). 1588. — Sommaire des raisons qui ont meu les françois cathol. à reconnoître Charles X, 1589, etc. 32 opuscules pet. in-8, n. rel.

131. Coppie d'une lettre écrite au roy par Mgr le duc de Guyse. *Paris*, 1588. — Discours véritable de ce qui est arrivé à Paris le douzième de mai, 1588, pet. in-8, n. rel.

132. Discours déplorable du meurtre et assassinat commis en la ville de Blois. 1588. — Guisiade, tragédie nouvelle. *Tolose*, 1589. — Réglement fait par le duc de Mayenne. — Réponse aux justifications prétendues de H. de Valois, 1589 (non rogné). — Le Martyr des deux frères. — Oraison funèbre aux obsèques de la royne mère. *Blois*, 1589. 30 pièces in-12 et in-18, non rel.

133. Histoire au vray du meurtre et assassinat commis au cabinet d'un roy perfide en la personne du duc de Guyse. 1589. — Le Martyr des deux frères, 1589.— Les Regrets et lamentations faites par madame de Guyse. 1589.— Pleurs et Soupirs lamentables de madame de Guyse. 1589. — 4 pièces pet. in-8, dér.

134. Origine, généalogie et démonstration de ceste excellente maison de Guyse. *Paris, Jean Perinet*, 1589. — Les Meurs, Humeurs et Comportements de Henry de Valois. *Paris, Anth. le Riche*, 1589, pet. in-8, dérel.

135. Proposition faicte par nostre sainct père le Pape sur le sacrilége et assassinat du cardinal de Guyse. 1589. — Lettres d'union. 1589. — Les propos lamentables de Henri de Valois.— Exhortation (en vers) pour attaquer Henri de Valois.— Advertissement touchant l'excommunication de Henry de Valois. — Advertissement aux princes

par l'exemple de la mort estrange de H. de Valois, 1589, etc. 8 pièces pet. in-8, br. bien conservées et grandes de marges.

136. Advertissement particulier de ce qui s'est passé en la ville de Tholose depuis le massacre des princes catholiques. *Paris, Robert le Fizelier,* 1589. — Discours du meurtre perpétré en la ville de Blois. 1589. — Discours et dernier propos du duc de Guyse. 1589. — Oraison funèbre. — Regretz lamentables des habitans de Reims. 1589. — Requeste par madame la duchesse de Guyse. — L'Arrest contre les assassineurs du duc de Guyse. *Paris*, 1589, 9 part. pet. in-8, déreliées.

137. De l'Excommunication de Henry de Valois. *Paris, Bichon,* 1589. — Proposition faite par le saint Père à Rome. 1589. — Oraison funèbre sur la mort du duc de Guise et du cardinal, son frère. 1589. — Origine de la maladie de la France. 1589. 4 part. en 1 vol. pet. in-8, v. marb. fil.

138. De la Succession du droict et prérogative de premier prince du sang, déférée à Mgr Charles, cardinal de Bourbon. *Lyon*, 1589. — Ordonnance du roy pour les gens de labeur. — Arrest de la cour du Parlement qui enjoint à toute personne de reconnaître le légat, contre les arrêts du soy-disant parlement de Tours. *Paris*, 1590, 3 pièces in-8, dér.

139. Prose du clergé de Paris, adressée au duc de Mayne, après le meurtre du roi Henri III. *Paris.* in-8, dér.

Réimpression à petit nombre, sur le texte de 1589.

140. Admirable et prodigieuse mort de Henry de Valoys. *Tolose*, 1589. — Lettres patentes du roy aux officiers de la ville de Blois, par lesquelles S. M. les advertit du meschant, détestable et barbare assassinat entrepris par un jacobin sur la personne de S. M., laquelle a été seulement blessée. *Blois*, 1589. — Les Sorcelleries de H. de Va-

lois dans le bois de Vincennes, 1589. — Discours des préparations faites par Jacques Clément. — Le Tyrannicide (en vers). 1589, etc. 11 pièces pet. in-8, dér.

141. Arrest de la cour du Parlement pour la diminution du loyer des maisons, 1589. — Lettre au roy par le duc d'Espernon, 1588. — Harangue au roy faicte à Chartres, 1588, etc. 4 part. pet. in-8, dér.

142. Recueil de pièces sur l'histoire de France (1589-1600), 25 pièces pet. in-8, non rel.

143. Discours véritable de la défence de Paris contre le roy de Navarre. 1590. — Mort de deux prêtres, advenue en l'université d'Oxonio (Oxford), 1590. — Discours des trahisons qui avoient vendu Paris à Henry de Bourbon. — La Vie et faicts héroïques du mareschal d'Aumont. 1591, etc. — 17 pièces pet. in-8, non rel.

144. COMPENDIO y breve relacion de la Liga. *En Bruxellas*, 1591. — DISCURSO de las cosas en el cerco de Paris. 1591. — Relatione del assegio di Parigi, 1591. — 3 part. en 1 vol. pet. in-8, v. f.

145. Cérémonies observées en la conversion du roy. *Melun*, 1593. — Articles accordez pour la trêve générale. *Melun*, 1593.— L'Ordre des cérémonies du sacre et couronnement de Henry IV. *Chartres*, 1594. — Ode au roy sur la réduction de la ville de *Paris*, 1594. — Discours de la maladie et mort de Mgr le cardinal de *Bourbon*, 1594, etc., 15 pièces in-8, n. rel.

146. Sermons de la simulée conversion de Henri de Bourbon, par Jean Boucher. *Jouxte la copie imprimée à Paris, chez G. Chaudière*, 1594, pet. in-8, vélin.

147. Sermons de la simulée conversion et nullité de la prétendue absolution de Henry de Bourbon,

par Jean Boucher, docteur en théologie. *Paris, Chaudière*, 1594, pet. in-8, vélin.

148. Discours véritable de ce qui s'est passé en la réduction de la ville de Paris. 1594. — Lettres patentes pour le rétablissement de la chambre des comptes de Paris. 1594. — Ordonnance du roy pour la conservation de la ville. 1594, etc., 7 pièces pet. in-8, non rel.

149. Discours d'estat sur la machination et blessure du roy. *Poictiers*, 1595. — Poëme sur la blessure du roy. 1595. — Discours sur l'estat de la blessure du roy. — Arrest contre Jehan Chastel. 1595. — Apologie pour Jehan Chastel, par Fr. de Vérone. 1595. — 5 pièces in-8, n. rel.

150. Oraison funèbre de messire Arnaud Sorbin, dit de Sainte-Foy, prédicateur des roys Charles IX et Henri III. *Nevers, P. Roussin*, 1608, pet. in-8, vélin.

151. Recueil de pièces sur la mort de Henry IV et autres sujets, *imprimées de* 1600 *à* 1615. 80 pièces pet. in-8, non reliées.

152. Recueil de pièces sur le fait des monnoies. *Paris*, 1634-45. 15 pièces pet. in-8, en 1 vol. fig.

153. Le Royalisme, ou Mémoires de Du Barri de Saint-Aunez et de Constance de Cézelli, sa femme, par De Limairac. *Paris, Valade*, 1770, in-8, mar. vert, portrait.

154. Etat et menu de la dépense ordinaire, bouche, de la maison de Monseigneur le Dauphin. Année 1699, pet. in-8, veau.

Manuscrit.

155. Voyages du roy au château de Choisy, avec les logements de la cour et les menus de la table de S. M., année 1751. In-4, v. (*Aux armes de France.*)

Manuscrit très-bien exécuté et très-curieux. Il est orné à chaque page d'encadrements en couleurs.

156. Collection des ouvrages les plus intéressants, présentés à la cour à l'occasion du mariage du Dauphin. *Paris, Desnos*, 1770, in-4, br. figures.

Portraits de Louis XVI et de Marie-Antoinette.

157. État de service concernant les gardes du corps du roy servants auprès de S. M. tant à Versailles que dans les grands et petits voyages. In-4, v.

Manuscrit du dix-huitième siècle.

158. Almanach de Paris, 1789. — Etat de la marine, 1790. — Etat des gardes françaises et des gardes du corps, 1774-1787. — Annuaire de la maison militaire du roi, 1820-1830. Ensemble 25 vol. in-18, mar. r. ou brochés.

159. États militaires de France, 1771-82-86-87-88-89-91 et 93. 8 vol. pet. in-12, rel. et br.

160. États militaires de France. *Paris*, 1759-93. 35 vol. pet. in-12, br. et rel., plus les années 1802-1804 et 1805.

HISTOIRE DE LA RÉVOLUTION.

161. Almanach des honnêtes gens pour 1793-1795-1796-1797-1800-1801. 16 vol. in-18, br. fig.

On a joint des doubles avec différences dans le texte et les gravures, plus un travail manuscrit sur cet almanach contre-révolutionnaire.

162. Discours prononcé à l'Assemblée nationale par la députation de l'archiconfrairie royale du Saint-Sépulcre de Jérusalem. 1790, in-8, pap. fort, mar. r. tr. dor.

Aux armes de Marie-Antoinette.

163. Journées mémorables de la Révolution, 1829. — Recueil sur Mirabeau. — Histoire du tribunal révolutionnaire. — Tableau du massacre des Carmes, etc. 9 vol. in-8 et in-12, rel.

164. Recueil de pamphlets révolutionnaires contre le roy, la reine, les princes et les princesses. 32 pièces en 1 vol. in-8, v.

Recueil formé par l'abbé Pascal, bibliothécaire du duc de Penthièvre, qui a écrit la liste des articles de ce recueil. — Mémoires de Lamotte. — L'Autrichienne en goguette. — Le Bordel royal. — Confession de la Polignac. — Boudoir de la Polignac, etc., etc. Le recueil lui a coûté 5o livres à former.

165. Louis XVI, Marie-Antoinette, Louis XVII. — Pièces révolutionnaires et contre-révolutionnaires, pamphlets, etc., publiés de 1790 à 1801. Environ 5o vol. in-8 et in-12, br.

166. Théatre révolutionnaire. Pièces sur Louis XVI et Marie-Antoinette. 3o br. in-8 et in-12.

167. Chansons patriotes et révolutionnaires. Chansonnier de la Montagne et autres. 20 brochures in-18.

168. Almanachs révolutionnaires et contre-révolutionnaires. — Almanach du Père Duchesne. — Almanach des mécontents, etc. 33 vol. in-18, rel. et br.

169. Inventaire des diamants de la couronne, pierreries, tableaux, etc., imprimé par ordre de l'Assemblée nationale. *Paris, Imprimerie nationale,* 1791, 2 parties en 1 vol. in-8, veau vert, tr. dor.
Exemplaire aux armes de Marie-Antoinette.

170. Almanach de Coblentz, ou le plus joli des recueils catholiques, apostoliques et français. Vive le roi. *Paris, Lallemand,* 1792, in-18, rel. portraits.

171. Relation de M. le baron d'Antrechaus, capitaine de vaisseau honoraire, député en 1820, échappé aux massacres de Quiberon. *Paris, Michaud,* 1824, in-8, veau. (*Aux armes de la duchesse de Berry.*)

172. Sur la guillotine. Compte rendu aux sansculottes, par madame la Guillotine, 2 parties. — Le Glaive vengeur avec la figure, etc. 12 vol. in-8, broché.

173. Sur les prisons sous la Révolution. — Histoire des prisons, par Nougaret. — Histoire du tribunal révolutionnaire, 2 vol. in-8. — Tableau des prisons sous Robespierre, 3 vol. etc. — 42 vol. in-8 et in-12, br.

174. Recueil de brochures sur Robespierre, Marat, Carrier. 32 pièces in-8.

175. LISTES DES PERSONNES condamnées à mort, à Paris ou à Lyon, en 1793. 20 br. in-8.

176. Granier de Cassagnac. Histoire des Girondins et des massacres de septembre. — Histoire du Directoire augmentée de pièces justificatives. *Paris, Dentu*, 1860-63, 5 vol. in-8, br.

177. Louis XVII, sa vie, son agonie, sa mort; captivité de la famille royale au Temple, par M.-A. de Beauchesne. *Paris, Plon*, 1852, 2 vol. in-8, br. avec fig.

178. MÉLANGES SUR LA RÉVOLUTION. L'Anecdote du jour. — Le Livre rouge. — Années révolutionnaires. — Vie de Louis XVI, etc. 54 vol. in-12 et in-18, br. (*Avec figures.*)

179. MÉLANGES SUR LA RÉVOLUTION, guerre de Vendée, etc. 100 vol. et brochures.

180. RENSEIGNEMENTS RELATIFS A L'ARMÉE DE CONDÉ, ou Recueil des différents manuscrits communiqués par des officiers attachés à ladite armée. (1789-1801), 5 vol. in-8, br. (1600 pages.)
Manuscrit très-important, avec tables et biographies.

181. ARMÉE DE CONDÉ. Table des noms des personnes mortes à l'armée du prince de Condé de 1793 à 1801. — Registre de l'hôpital fondé par le prince de Condé, 1794, etc. Manuscrits originaux.

HISTOIRE ÉTRANGÈRE. — BIBLIOGRAPHIE.

182. Abela. Descrizione di Malta. 1647, in-fol. vélin.

183. Traité de la guerre de Malte, par le chevalier de la Villegaignon. 1553, in-4, n. rel. — Copie

de quelques lettres sur la navigation du chevalier de Villegaignon ès terres de l'Amérique. *Paris, Martin le jeune*, 1557, pet. in-8.

184. Discours de la grande et puissante armée de Solyman. *Paris, Pierre de Langres*, 1565. — Description de la défaicte des Turcs, 1565. — Advis nouvellement venu de Malte. — Le nombre des chevaliers qui sont morts au siége de Malte. *Lyon, Benoist Rigault*, 1566. 4 pièces in-8, n. rel.

Pièces rares et bien conservées.

185. DEUX VÉRITABLES DISCOURS, l'un contenant le faict entier de toute la guerre de Malte, et l'autre déclairant au vray les choses exploitées au pays de Hongrie... *Paris, Jacques Du Puys*, 1567, pet. in-8, mar. citr. tr. dor. (*Anc. rel.*)

Bel exemplaire, grand de marges et bien conservé.

186. Monuments des grands-maîtres de l'ordre de Saint-Jean de Jérusalem, ou vues des tombeaux élevés à Jérusalem, à Ptolémaïs, etc., publiés par M. le vicomte L. de Villeneuve-Bargemont. *Paris, Blaise*, 1829, 2 vol. in-8, br. avec fig.

187. Délices d'Espagne. Recueil de vues des principales villes d'Espagne. 165 planches in-4, oblong demi-rel.

188. Oraison funèbre prononcée aux obsèques de madame Elisabeth de France, royne des Espagnes. *Paris*, 1568. — Oraison funèbre de J. de Levis. *Paris. G. Chaudière*, 1578. — Oraison funèbre de Chr. de Thou. *Paris*, 1583. — Discours de la mort de Marie Stouard, 1587, etc. 6 pièces in-8, dérel.

189. L'Innocence de la très-illustre, très-chaste, et débonnaire princesse Marie reine d'Ecosse. 1572, pet. in-8, demi-rel.

Exemplaire très-grand de marges.

190. HISTOIRE DE MARIE, REINE D'ÉCOSSE, touchant l'adultère commis avec le comte de Bothwel, tra-

duit du latin en françois par Camuz, Poitevin. *Edimbourg, Th. Vualtem*, 1572, pet. in-8, veau, f. tr. r. (*Anc. rel.*)

Exemplaire grand de marges. Légère piqûre.

191. La Recherche des singularitez les plus remarquables concernant l'estat d'Escosse. *Paris, Robert Colombel*, 1579 (*avec l'ancre aldine*). — Discours de la légitime succession des femmes. 1579, in-8, vélin.

Ces deux opuscules sont imprimés à la suite de l'Hist. des roys de France, Angleterre et Escosse, 1579.

192. MARIE STUART. Ode sur sa mort avec l'oraison funèbre. *Paris*, 1588, pet. in-8, n. rel. — Martyre de la royne d'Escosse. *Edimbourg*, 1587, pet. in-8, demi-rel. — L'Innocence de la très-illustre princesse royne d'Escosse, 1572. — Apologie de l'honorable sentence et juste exécution de Marie Steward, 1588, etc. 5 vol. pet. in-8, rel. et en feuilles.

193. Histoire et martyre de la royne d'Écosse. *Paris, G. Bichon*, 1589, in-16, rel. avec fig.

194. La Vie et les amours de Marie Stuart (par Mercier de Compiègne), 1793. — Vie de Marie Stuart par Gentz, 1813, etc. 8 vol. in-8 et in-12, br.

195. Lettres, instructions et mémoires de Marie Stuart, reine d'Ecosse, publiés sur les originaux et les manuscrits, par le prince A. Labanoff. *Londres, Ch. Dolman*, 1844, 7 vol. in-8, br.

196. Histoire de Marie Stuart, par M. Mignet. *Paris, Lheureux*, 1851, 2 vol. in-8, br. — Lettres inédites de Marie Stuart, etc. 8 vol. in-8, br.

---

197. HISTOIRE d'un voyage fait en la terre du Brésil, autrement dite Amérique, par Jean de Léry. *Pour Antoine Chuppin*, 1578, pet. in-8, vélin, fig.

198. Catalogue des livres composant la bibliothèque de Leber. *Paris, Jannet,* 1852, 4 vol. in-8, br.

199. Catalogue des livres rares et précieux de la bibliothèque de feu M. le comte de Mac Carthy Reagh. *Paris, De Bure,* 1815, 2 vol. in-8, mar. r. tr. dor.

200. L'Art héraldique, contenant la manière d'apprendre facilement le blason, par Baron. *Paris, Ch. Osmont,* 1682, in-12, veau, avec fig.

FIN